ESTRELLAS DE LA LITERATURA

FLORES Y COLORES

AUTORES

MARGARET A. GALLEGO
ROLANDO R. HINOJOSA-SMITH
CLARITA KOHEN
HILDA MEDRANO
JUAN S. SOLIS
ELEANOR W. THONIS

HARCOURT BRACE & COMPANY

Orlando   Atlanta   Austin   Boston   San Francisco   Chicago   Dallas   New York
Toronto   London

Acknowledgments

For permission to reprint copyrighted material, grateful acknowledgment is made to the following sources:
Ediciones Ekaré-Banco del libro: El cocuyo y la mora. Copyright © 1978 by Ediciones Ekaré-Banco del libro. Published by Ediciones Ekaré-Banco del libro, Caracas, Venezuela.
Ediciones Ekaré-Banco del libro: El tigre y el rayo. Copyright © 1978 by Ediciones Ekaré-Banco del libro. Published by Ediciones Ekaré-Banco del libro, Caracas, Venezuela.
Ediciones SM: La roca by Carme Solé Vendrell. Copyright © 1990 by Ediciones SM. Published by Ediciones SM, Madrid, Spain.
Every effort has been made to locate the copyright holders for the selections in this work. The publisher would be pleased to receive information that would allow the correction of any omissions in future printings.

Photo Credits
Key: (t) = top, (b) = bottom, (c) = center, (bg) = background
   (l) = left, (r) = right
10, Michael Portzen/Laredo Publishing; 46, Michael Portzen/Laredo Publishing; 74, HBJ/Maria Paraskevas; 76-77, Michael Portzen/Laredo Publishing; 102(t), Grant Heilman Photography; 102(b), E. R. Degginger/Color-Pic; 103(tl), Karen Tompkins/Tom Stack & Associates; 103(tr), E. R. Degginger/Color-Pic; 103(c), Jerome Wyckoff/Earth Scenes; 103(bl), E. R. Degginger/Color-Pic; 103(br), Breck P. Kent/Earth Scenes; 104(tl), Lillian Bolstad/Peter Arnold Inc.; 104(tr), Jim Shotwell/Tom Stack & Associates; 104(bl), Tom Stack & Associates; 104(br), E. R. Degginger/Color-Pic; 105, John Serafin/Peter Arnold Inc.

Illustration Credits

Cover by Mia Tavonatti; Armando Martínez, 4, 5; Gino Hasler, 6, 7; Wendy Chang, 8, 9, (Glossary) 106-111; Zarella, 44, 45; Mia Tavonatti, 68-73; Ludmill Dimitrov, 74, 75.

Printed in the United States of America.

ISBN 0-15-304440-3

   7 8 9 10 048 96

Querido amigo:

¿Piensas que sólo en la escuela se aprende? ¡Claro que no! Aprendemos de nuestra familia y de nuestros amigos y también podemos aprender de los animales y de las cosas que nos rodean.

Los cuentos y las leyendas tradicionales de este libro están llenos de simpáticos personajes que seguramente te encantarán.

Que disfrutes y aprendas mucho.

Cariñosamente,
Los autores

FLORES Y COLORES

Í N D I C E

LO APRENDÍ DE TI / 6

4

LA NATURALEZA Y YO/ 74

TEMA

LO APRENDÍ DE TI

En los cuentos de este tema te encuentras con animales que te pueden enseñar lecciones que aprendieron. ¿Cuáles son? ¿Recuerdas algún cuento del que aprendiste alguna buena lección?

ÍNDICE

Una copla

La zorra le dijo al león:
no te burles de mí, hermano,
porque el mejor escribano
echa siempre su borrón.

Tradicional

El Cocuyo y la Mora

Cuento de la tribu pemón

10

Un gran cocuyo salió de viaje
a visitar a unos tíos que vivían muy lejos,
al otro lado de la sabana.

Volando, volando, llegó al atardecer
a un cerro donde vivía una mora.
Se sentía cansado y soñoliento
y decidió quedarse allí a pasar la noche.

La mora estaba vieja, deshojada
y encorvada y de sus ramas
asomaban unos dientazos muy feos.
El cocuyo se acercó buscando
un sitio para dormir.

14

A la mora le gustó la manera de volar,
el zumbido de las alas
y los ojos brillantes del cocuyo
y empezó a enamorarlo.

Le dio comida y bebida.

17

Le colgó con cuidado su chinchorro
y lo entretuvo con conversaciones interesantes
hasta muy entrada la noche.

19

—¿Quieres casarte conmigo, cocuyo?,
preguntó al fin la mora.
Pero el cocuyo se hizo el dormido y no le contestó.
La mora lo tocó suavemente y volvió a preguntar:
—¿Quieres casarte conmigo, cocuyo?

El cocuyo abrió los ojos y contestó molesto:

—Yo no te quiero, mora.

Estás deshojada y encorvada.

No me casaré contigo.

Al amanecer,
el cocuyo siguió su camino
y después de mucho volar
llegó a la casa de sus tíos.
Allí se quedó varias lunas
conversando y bailando.

22

Luego emprendió
el viaje de regreso.
Pasó por los mismos lugares
por donde había venido
y un día llegó
al mismo cerro
donde vivía la mora.
¡Y qué sorpresa!

24

La mora estaba totalmente cambiada.
Estaba joven, vestida con hojas nuevas
y adornada de flores.

—¡Qué buenamoza estás, mora!
exclamó el cocuyo.
Te ves muy linda llena de flores.
Me gustas mucho. ¿Quieres casarte
conmigo?
Pero la mora no le contestó.

—Mora, morita,
cásate conmigo —suplicó el cocuyo.
—No, cocuyo, —dijo la mora.— Ahora
yo no quiero casarme contigo.
Y por más que insistió el cocuyo,
ella no le hizo caso.

27

—Por lo menos dime
cómo te las arreglaste
para ponerte tan buenamoza —
rogó el cocuyo.
Y la mora le contestó:
—Esa no fui yo.
 Unos hombres que andaban cazando
por allí me prendieron fuego y con el fuego
precisamente me volví joven y bella otra vez.

28

—¡Mora!,
exclamó el cocuyo entusiasmado.
¿No podré volverme joven igual que tú?
—No sé. Si te parece, hazlo,
pero ten cuidado.

Entonces el cocuyo vio cerca de allí
una candela que habían prendido unos hombres.
—Yo también me pondré joven y buenmozo
como la mora. Tal vez así ella me quiera.
Y sin pensarlo más voló derecho al fuego.

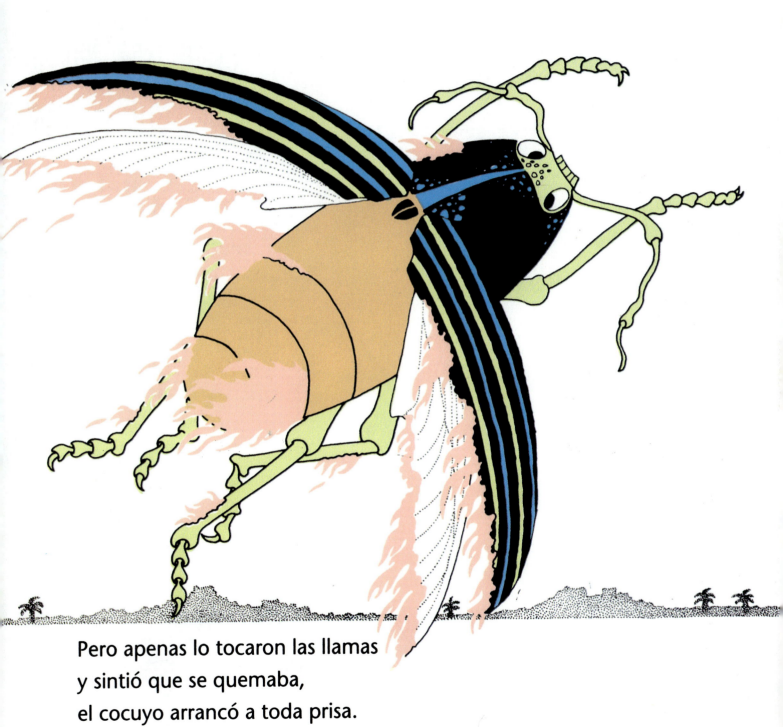

Pero apenas lo tocaron las llamas
y sintió que se quemaba,
el cocuyo arrancó a toda prisa.
Sacudió las alas para apagar las chispas

y se frotó contra la hierba verde.

36

Entonces se miró y vio
que estaba todo negro y chamuscado.
Sólo en la cola le quedaba una chispita
que no podía apagar. Por más que voló
y batió las alas, allí quedó la chispita.

37

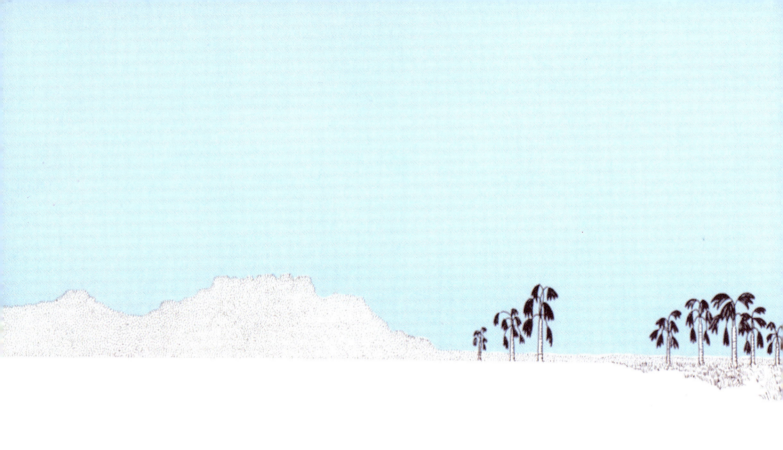
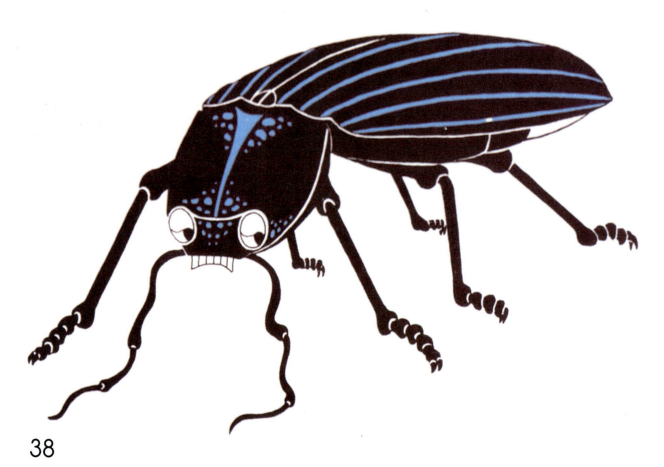

Muy triste y un poco avergonzado,
el cocuyo se alejó de la mora
y siguió viaje hasta su casa.

Desde entonces todos los cocuyos tienen
ese color negro y esa luz en la cola.
Y cuando por las noches ven una candela,
allí se tiran.

Desde entonces, también, todos los cocuyos
rondan las moras cuando están en flor,
porque todavía tienen esperanzas de enamorarlas.

¿Qué te parece?

1. ¿Cómo dice esta leyenda que el cocuyo llegó a tener luz en su cola?

2. ¿Crees que el cocuyo actuó bien? ¿Por qué?

Escribe en tu diario

Escribe tu propia leyenda sobre tu animal favorito.

UN MILAGRO

Por la tierra, en un estero,
estaba un sicomoro;
le da un rayo de sol, y del madero
muerto, sale volando una ave de oro.

José Martí

45

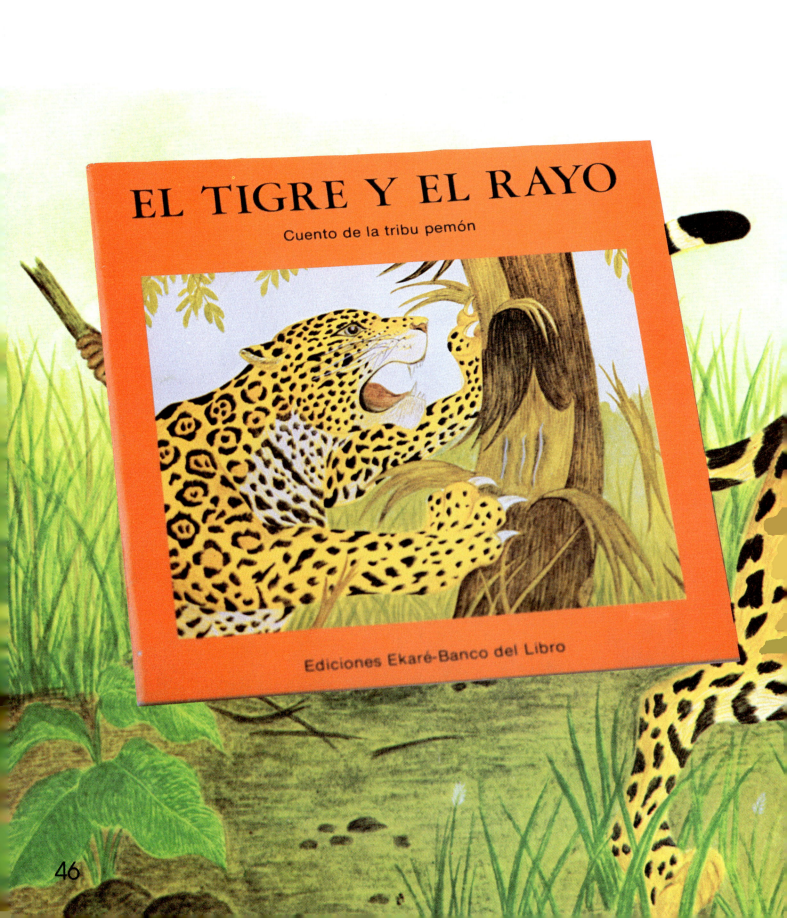

EL TIGRE Y EL RAYO

Cuento de la tribu pemón

Ediciones Ekaré-Banco del Libro

Andando de viaje el Tigre se encontró con el Rayo.

49

—¿Qué haces, hermano? —preguntó el Tigre.

—Lo que ves —contestó el Rayo—, haciéndome un bastón.

—¿Y tú eres muy fuerte, hermano? —preguntó otra vez el Tigre.

—No, yo no soy muy fuerte, por eso me hago este bastón.

51

—Pues yo sí soy muy fuerte, hermano —dijo el Tigre.

—¿Así es? —preguntó el Rayo sin mirarlo.

—Así es —afirmó el Tigre—. Y probaré
mis fuerzas ahora mismo para que tú veas.

—Está bien —dijo el Rayo—. Vamos a verlo.

Entonces el Rayo, muy quieto
y sin decir palabra,
vio cómo el Tigre desgarraba
la corteza de un árbol.

54

Y el Tigre terminó sudando y diciendo:
—¿Lo has visto, mi hermano?
El Rayo tomó entonces su bastón:
—Ahora voy yo, hermano —y en un momento desapareció.

Y empezó a venir como de lejos . . .
El cielo se oscureció.
Las puntas de los cerros se iluminaron,

y un ruido grande de guaruras
se desparramó por las orillas de la sabana.

El Tigre paró las orejas al oír los truenos . . .
Se encandiló con los relámpagos . . .

Corrió a esconderse bajo una piedra,
pero el Rayo la destrozó con sus municiones.

Corrió a esconderse bajo otra piedra,
pero el Rayo también la destrozó. Se encaramó
en un árbol . . .

El Rayo lo partió en dos y lanzó al Tigre contra
el suelo. Y allí quedó el Tigre rendido y sin fuerzas.

Viendo el Rayo que el Tigre estaba tan rendido,
muerto de miedo y castañeteando los dientes,
se acercó a él y le dijo:

—¿Ves, hermano? Ésa es la fuerza que yo tengo,
más o menos igual que la tuya.

—Mmmmmmm —refunfuñó el Tigre, levantándose
adolorido—. Yo quiero irme a mi casa.

El Tigre se fue a su casa, cojeando,
con los pelos pegados y el rabo entre las piernas.

Y el Rayo, con su bastón, siguió rumbo a la suya.

¿Qué te parece?

1. ¿Qué parte de esta leyenda es realidad? ¿Qué parte no lo es?

2. ¿Cómo demostró el Rayo ser más fuerte que el Tigre?

Escribe en tu diario

Escribe unas oraciones y dibuja cómo te sientes cuando ves un rayo.

¿De dónde vienen?

El cocuyo y la mora y *El tigre y el rayo* son leyendas de la tribu pemón. Los pemón viven en la Gran Sabana en la región de Guayana al este de Venezuela.

Los pemón son gente sabanera, pero hacen sus casas en la selva.

Construyen casas en forma de círculo, fabricadas de barro, madera y palma. Tienen un bello idioma y muchos cuentos y leyendas que, por desgracia, se han ido perdiendo.

Cocuyo en pemón se dice mateu. Mora en pemón se dice kararai, palabra que imita el sonido que producen sus espigas al rasguñar.

El tigre del cuento es un «tigre» venezolano, conocido en otros países como jaguar. En pemón se llama kaikuse.

VENEZUELA

GUAYANA

69

Así nació el fuego

Leyenda tradicional mexicana
tal como la cuentan los huicholes

Hace muchos, muchos años los huicholes no conocían el fuego.

Un día cayó un rayo sobre los árboles y se produjo un gran incendio.

Los enemigos de los huicholes guardaron el fuego y no lo dejaron apagar. También pusieron su ejército a cuidar el fuego para que nadie se los quitara.

El coyote, el armadillo, el venado, la iguana y el tlacuache decidieron ayudar a sus amigos los huicholes. Uno por uno salieron a buscar el fuego pero los soldados los atraparon. El último en salir fue el tlacuache. Se hizo una bola y pasó siete días sin moverse, hasta que los soldados se acostumbraron a verlo.

Cuando los soldados se quedaron dormidos se acercó rodando a la hoguera y su cola peluda se empezó a quemar.

De repente, una gran llamarada iluminó el campamento. El animal tomó un pequeño tizón y se alejó muy rápidamente.

Apenas se dieron cuenta, los soldados comenzaron a perseguirlo. Le tiraron varias flechas y el pobre animal atinó a guardar un trocito de brasa en su bolsa.

Finalmente lo alcanzaron, lo golpearon y apagaron el fuego de su cola. Para celebrar su victoria los soldados comenzaron a bailar alrededor de la hoguera.

El tlacuache se fue muy calladito hasta el lugar donde estaban los huicholes y les dio la brasa que guardaba en su bolsa. Todos muy contentos prendieron una hoguera y curaron al valiente animalito. El tlacuache perdió el pelo de su cola, pero vivió muy feliz de haber ayudado a los huicholes. Por eso es que el tlacuache no tiene pelos en la cola.

¿Sabes quiénes son los huicholes?

Los huicholes son parte del pueblo mexicano.
Viven actualmente en el norte de Jalisco y parte
de Nayarit, Zacatecas y Durango. Conservan
hasta ahora costumbres muy antiguas, de las
que están muy orgullosos.

Los huicholes construyen sus casas con lodo,
piedra y carrizo, con techos de paja y pisos de
tierra aplanada.

Los huicholes siempre quieren a las cosas de la
naturaleza como se quiere a un familiar
cercano. Dicen que sus «abuelos» son el sol y el
fuego. Sus «tías», la lluvia y las tormentas. Por
eso en sus bordados y en otros trabajos
artesanales representan al sol, al fuego, la luna,
la tierra y las lluvias.

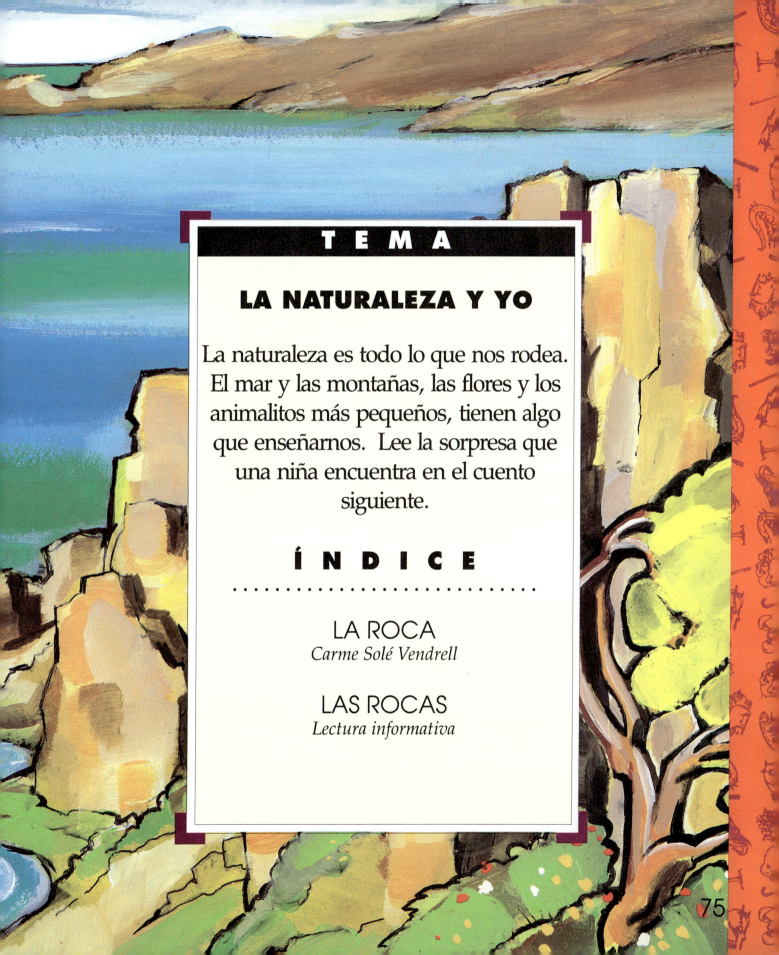

TEMA

LA NATURALEZA Y YO

La naturaleza es todo lo que nos rodea. El mar y las montañas, las flores y los animalitos más pequeños, tienen algo que enseñarnos. Lee la sorpresa que una niña encuentra en el cuento siguiente.

ÍNDICE

75

ARTISTA PREMIADO

LOS ILUSTRADOS DEL BARCO DE VAPOR

LA ROCA

Carme Solé Vendrell

Premio Internacional de la Fundación Santa María de Ilustración, 1990

SM

Un hilo de fuego dibujaba lentamente al amanecer. Los gallos despertaban a los que aún dormían.

Marina se hizo la remolona. Un rato, nada más. Después se levantó, se lavó la cara, se hizo la cama y fue a dar de comer a los conejos. Cuando acabó, se comió una tostada untada con aceite y se bebió un vaso de leche.

Con los primeros rayos del sol, Marina sacó las vacas del establo. Muy atenta a sus movimientos, porque aquellos animales siempre le habían parecido un poco tontos, comenzó la ruta de siempre. El perro Menudo la ayudaba en la faena.

Ladraba sin parar y mordisqueaba las patas de las vacas que se obstinaban en apartarse del camino.

Al llegar a los pastos, las vacas se desperdigaron buscando un rincón fresco donde resguardarse del sol que ya calentaba fuerte. Menudo seguía alerta como buen perro guardián que era.

83

Marina fue a ver a su amiga la roca, como todos los días. En mitad de un campo solitario se erguía una inmensa roca. Parecía que alguien la hubiera abandonado allí.

Marina se sabía de memoria todos sus recovecos, sus pliegues y sus curvas. Conocía sus colores y la suavidad y dureza de la piedra. Cuando se abrazaba a ella, le parecía sentir que la roca latía de vida y a veces se preguntaba qué secretos se escondían en ella.

Al oscurecer, la niña y el perro
reunían el rebaño y volvían a casa.
Marina recogió los huevos que las
gallinas habían ido dejando por aquí
y por allá, cenó y se fue a la cama.

86

Como todas las noches, se durmió y soñó con la roca que aguantaba su soledad bajo la luz de la luna.

Una mañana se dio cuenta, desde muy, muy lejos, de que no la veía. La roca no estaba allí. Echó a correr al lugar donde siempre había estado y sólo vio un montón de insectos que se movían en el espacio vacío y húmedo, buscando otro escondite.

Marina se quedó pasmada. Estuvo largo rato sin moverse de su sitio, pensando en que tenía que haber una explicación, y por fin se decidió: iría tras la roca, allá donde estuviera.

Ordenó a Menudo que llevara a las vacas hasta casa y se puso en camino, siguiendo las huellas que la roca había dejado en la tierra apisonada.

89

Marina anduvo sin cesar. Al anochecer, una neblina espesa lo cubrió todo y los fantasmas del bosque se deslizaban entre los árboles velozmente, y ella tenía miedo. Pero la niña se acordaba de la roca. El recuerdo le dio fuerzas para seguir adelante hasta que el cansancio la obligó a detenerse en la casa de su abuela donde pasó la noche.

Al día siguiente, un viento muy fuerte se llevó la niebla a otros lugares. Marina reemprendió su camino entre bosques de espeso follaje. Oía los susurros del viento en las hojas y el crujido de las ramas de los árboles, pero seguía adelante sin fijarse en nada más que en el rastro de la roca.

La segunda noche la pasó en un establo. El calorcillo de los animales la hizo sentirse como en casa, y una vez dormida soñó con la roca que volaba por el cielo, rápida como el viento y sin detenerse nunca.

Se levantó temprano y se echó a andar hacia la aldea más próxima. Le habían dicho que a lo mejor allí encontraba lo que buscaba. Mientras se acercaba, se acordó de Menudo y de las vacas. Pensó que quizás hubiera sido mejor volver a casa, pero más fuerte que su recuerdo era el deseo de ver la roca y descubrir el secreto que albergaba desde hacía tiempo.

98

Por fin, oyó el sonido de unos golpes, y los golpes se mezclaron con los latidos de su corazón y era como una misma música.

Y entonces Marina vio la maravilla mayor que nunca hubiera podido imaginar. Un hombre, no muy alto, socavaba la roca ayudándose de un martillo y un cincel. Marina esperó, quieta y feliz, a que el hombre acabara de descubrir lo que la roca tenía en su interior. Trozo a trozo, el secreto salía a la luz.

Y Marina, al volver a casa, se detuvo muchas veces a imaginar qué misterios albergaría cada piedra en el camino.

¿Qué te parece?

1. ¿Por qué Marina no encontró la roca?

2. ¿Logró Marina ver qué tenía la roca en su interior? Explica tu respuesta.

Escribe en tu diario

¿Qué parte del cuento te gustó más y por qué?

Las rocas

Hay muchas clases de rocas.
Algunas rocas son pequeñas.
Algunas son grandes.

Algunas rocas son lisas.

Algunas son ásperas.

Las rocas son de colores también.

El viento y la lluvia pueden
hacer cambiar las rocas.

¿Qué han hecho aquí el
viento y la lluvia?

El agua puede convertir las grandes rocas en pequeñas. Después de muchos años, el agua convertirá estas rocas en arena.

GLOSARIO

A

albergaba   Daba hospedaje: La señora **albergaba** al viajero en su casa.

apagar   Extinguir: Al **apagar** la lámpara el salón quedó a oscuras.

apisonada   Tierra apretada: La tierra **apisonada** está lista para la construcción.

artesanales   Hechos por un artesano: Los jarros de barro son obras **artesanales**.

atinó   Acertó, logró a tiento: Ella **atinó** a dar en el blanco.

avergonzado   Tiene pena: El señor está **avergonzado** por su mala acción.

B

bastón   Palo que sirve para apoyarse al caminar: El anciano usa un **bastón**.

brasa   Leña o carbón encendido y rojo: La **brasa** da calor.

bastón

buenamoza   Bien parecida: Ella se siente **buenamoza** con su vestido nuevo.

C

carrizo   Una planta de tallos nudosos: El **carrizo** crece a la orilla del río.

castañeteando   Sonándole a uno los dientes: A mi perro le están **castañeteando** los dientes porque tiene frío.

cerro   Loma, colina, altura: En mi pueblo había un **cerro** muy alto.

cincel   Instrumento para labrar piedras y metales: El escultor usa un **cincel**.

cincel

cocuyo   Insecto: De noche el **cocuyo** vuela despidiendo una luz.

cojeando   Caminando con dificultad: El perro estaba **cojeando** mientras se le sanaba su pierna.

conucos   Huertas: Los **conucos** tienen muchos árboles con frutas.

crujido   Ruido que hacen algunas cosas al romperse: Se oyó el **crujido** de las ramas.

CH

chamuscado   Quemado: El pedazo de carne quedó **chamuscado**.

chinchorro   Hamaca: Ellos descansan acostados en un **chinchorro**.

chispita   Particulita de lumbre: Del fuego saltó una **chispita**.

chinchorro

D

desgarraba   Despedazaba con las uñas: El gatito **desgarraba** el periódico.

deshojada   Sin hojas: La copa del árbol ha quedado **deshojada**.

deslizaba   Se colaba, pasaba por un lugar estrecho: La serpiente se **deslizaba** entre las rocas.

desparramó   Se fue por todas partes: El dinero se **desparramó** por todo el suelo.

deshojada

desperdigaron   Se fueron en diferentes direcciones: Las ovejas se

desperdigaron por todas partes al acercarse el lobo.

encorvada

encorvada   Doblada: La palma fue **encorvada** por el viento.

erguía   Levantaba, enderezaba: El pájaro **erguía** su cabeza con orgullo.

espigas   Puntas de los tallos del trigo: Las **espigas** del trigo se ven

muy amarillas.

faena   Trabajo: El trabajador ha terminado su **faena**.

follaje   Hojas de los árboles: Los pájaros se esconden en el **follaje** de

los pinos.

fuerza   Potencia para hacer algo: Hacer ejercicios te ayuda a tener fuerza.

guaruras   Bocinas de caracol: En Venezuela el sonido de las **guaruras** se

oye a gran distancia.

hoguera   Maderas que arden en llama: Ayer hicimos una **hoguera** para

hoguera   darnos calor.

huicholes   Indígenas mexicanos: Los **huicholes** tienen

costumbres interesantes.

iguana   Animal pequeño parecido al lagarto: La **iguana** se esconde

entre las rocas.

iluminaron   Dieron luz: Ellos **iluminaron** el cuarto con sus candelas.

inmensidad   Enormidad: La **inmensidad** del mar me asombra.

iguana

llamarada   Llama que sale del fuego: Por una **llamarada** todo se quemó.

mora   Una planta pequeña cuyo fruto también se llama mora: La

mora ha crecido muy rápido.

mordisqueaba   Daba mordidas pequeñas: El conejo **mordisqueaba** una

zanahoria.

mordisqueaba

municiones   Material usado para disparar armas: El ejército prepara

sus **municiones**.

naturaleza   Cosas que el hombre no ha creado: En la **naturaleza** podemos

encontrar paisajes muy bellos.

obstinaban	No querían: Los dos perros se **obstinaban** en no caminar.
orillas	Bordes o límites de las cosas: A las **orillas** del mar encontramos muchas conchas.

pliegues

pasmado	Asombrado, sin movimiento: Él se quedó **pasmado** al oír las noticias.
pliegues	Dobleces: Mi vestido tiene muchos **pliegues**.

rasguñar	Arañar: Al gato le gusta **rasguñar** la tierra.
rebaño	Manada: Un **rebaño** era cuidado por los perros y el pastor.
recovecos	Rincones: Esta casa tiene muchos **recovecos**.
refunfuñó	Protestó: Ella **refunfuñó** cuando se enteró de la noticia.
relámpagos	Rayos: Por la noche se vieron muchos **relámpagos**.
remolona	Floja, perezosa: A ella no le gusta ser **remolona**.
rendido	Cansado: El caballo quedó **rendido** después de la carrera.
resguardarse	Protegerse: Los animalitos tienen que **resguardarse** del frío.

rebaño

sabana	Extensión plana de terreno: El ganado camina por la **sabana**.

sabana

sicomoro   Una clase de árbol: El **sicomoro** da muy buena sombra.

socavaba   Excavaba, hacía hoyos: El trabajador **socavaba** la tierra

rápidamente.

soñoliento   Que tiene sueño: Se sentía **soñoliento** y cansado.

T

tizón   Palo a medio quemar: ¡No toques el **tizón** porque quema!

tlacuache   Animal marsupial parecido a una rata grande: Ayer vi un

tlacuache.

tlacuache

trozo   Pedazo: Todos comimos un **trozo** de pastel.

truenos   Ruido muy fuerte: Hoy llovió con rayos y **truenos**.

U

untada   Embarrada: Mi mamá me dio una galleta **untada** con

mantequilla.

V

velozmente   Rápidamente: Los conejos corren **velozmente**.

Z

zumbido   Ruido continuo: Se oye el **zumbido** de la abeja.

111